Bibliothèque de l'Amateur Champenois

NAPOLÉON Ier

A L'ÉCOLE ROYALE MILITAIRE DE BRIENNE

D'APRÈS DES DOCUMENTS AUTHENTIQUES ET INÉDITS

1779-1784

Par ALEXANDRE ASSIER

PARIS

CHAMPION, libraire, quai Malaquais, 15.
CHOSSONNERY, libraire, quai des Grands-Augustins, 47.
DELAHAYS, libraire, rue Casimir-Delavigne, 4 et 6,
A. GOUGY, libraire, rue Bonaparte, 20.
F. HENRY, libraire, Palais-Royal, galerie d'Orléans.

M D CCC LXXIV

BIBLIOTHÈQUE

DE

L'AMATEUR CHAMPENOIS

Tiré à 160 exemplaires numérotés :

120 sur papier vergé,
10 sur papier rose,
10 sur papier vélin,
20 sur papier chamois.

N^o

Bibliothèque de l'Amateur Champenois

NAPOLÉON IER

A L'ÉCOLE ROYALE MILITAIRE DE BRIENNE

D'APRÈS DES DOCUMENTS AUTHENTIQUES ET INÉDITS

1779-1784

Par Alexandre ASSIER

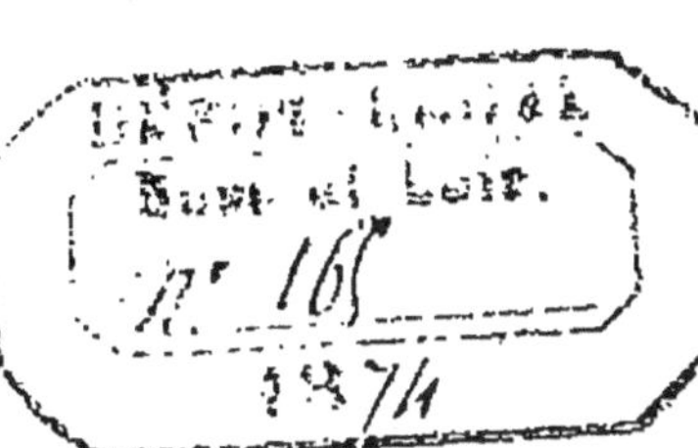

PARIS

CHAMPION, libraire, quai Malaquais, 15.
CHOSSONNERY, libraire, quai des Grands-Augustins, 47.
DELAHAYS, libraire, rue Casimir-Delavigne, 4 et 6.
A. GOUGY, libraire, rue Bonaparte, 20.
F. HENRY, libraire, Palais-Royal, galerie d'Orléans.

M D CCC LXXIV

AUX BIBLIOPHILES ET AUX LECTEURS

DE LA CHAMPAGNE.

Que d'anecdotes n'a-t-on point racontées sur Napoléon Ier, lorsqu'il n'était encore que simple élève de l'école royale militaire de Brienne! A en croire certains historiens, tous ses condisciples auraient admiré sa profonde sagacité et presque prophétisé sa future grandeur. Mais combien se sont donné la peine de consulter les archives de l'Aube et celles du ministère de la Guerre, de lire les Exercices publics des élèves de l'école de Brienne, *et surtout d'interroger ceux qui furent élevés avec lui chez les révérends Pères Minimes!*

M. de Bourrienne l'a dit dans ses Mémoires : « Pourquoi veut-on sans cesse trouver dans les premiers pas d'un enfant le germe de grands crimes ou de grandes actions? C'est trop faire abstraction des circonstances, des jeux de fortune, des événements qui poussent comme malgré lui un homme aux plus hautes destinées » (1).

L'ancien ministre d'État ajoute même avec une certaine malignité que Napoléon Ier n'eut aucune disposition pour les belles-lettres et que

______
(1) *Mémoires de M. de Bourrienne sur Napoléon,* t. 1, p. 23.

les pédants de la maison l'auraient volontiers
regardé comme un idiot. Ce témoignage ne
diffère pas beaucoup de celui de M. Bourgeois,
ancien élève de l'école militaire de Brienne,
qui avoue que Bonaparte n'obtint dans ses études
aucun succès remarquable et que, rêveur et taciturne, il ne recherchait que ce qui se rapporte à
l'art de la guerre (1).

Mais quelques anecdotes authentiques nous
prouveront que, si le plus grand capitaine des
temps modernes eut une enfance presque obscure,
il sut pourtant se concilier l'estime de ses maîtres
et de ses condisciples. Heureux s'il n'avait jamais
oublié les sages leçons des bons Pères Minimes !
Il n'aurait point désolé cette noble Champagne
qui lui servit pour ainsi dire de berceau et qui
vit en 1870 la chute de sa dynastie.

Votre serviteur,

Alexandre ASSIER.

Courbevoie, 25 juillet 1874.

____

(1) *Histoire des comtes de Brienne*, in-8, p. 275.

NAPOLÉON Ier

A L'ÉCOLE ROYALE MILITAIRE DE BRIENNE.

1779-1784.

La petite ville de Brienne, si célèbre au moyen âge par ses comtes qui méritèrent de porter les couronnes de Jérusalem et de Constantinople, avait vu s'élever dans son enceinte dès l'an 1625 le couvent des Minimes fondé par Louise de Béon-Luxembourg qui avait voulu doter cette petite cité d'une nouvelle école. Protégés par les seigneurs de Brienne qui leur firent des dons assez considérables, les Minimes convertirent en 1730 leur modeste école en un collége où la langue latine était enseignée. Cet établissement comptait déjà un grand nombre d'élèves, lorsque Louis XVI ordonna de placer ceux de l'Ecole Militaire de Paris dans plusieurs colléges de différentes provinces. Jouissant alors d'un immense crédit auprès du roi, MM. de Loménie n'oublièrent point les Minimes dont le collége fut érigé en école militaire et destiné à recevoir cent élèves du roi et cent autres pensionnaires. De nombreux bâtiments furent bientôt construits et appropriés à leur destination, tandis que douze religieux furent chargés de l'enseignement et de la direction de l'école et que des sœurs hospitalières de Nevers y étaient envoyées pour soigner les élèves malades.

Le 23 avril 1779, un jeune Corse fut admis chez les bons Pères pour commencer ses études et pour embrasser plus tard la carrière militaire. Quel était le nom de ce jeune enfant de neuf ans et demi dont l'humeur semblait sombre et inquiète? C'était Napoléon Buonaparte, fils de Charles Buonaparte, député de la noblesse corse à Versailles! La petitesse de sa taille et son langage qui, malgré son séjour dans le collége d'Autun, n'était encore qu'un patois moitié français, moitié italien, le rendirent pendant quelques jours un sujet de risée pour ses camarades. « Son nom même que l'accent corse lui faisait prononcer à peu près *Napoilloné* lui valut le sobriquet de *la paille au nez* (1). » Mais peu à peu ce jeune enfant, grâce à l'appui de quelques-uns de ses condisciples et à la sympathie de deux compatriotes qu'il rencontre, sort de son isolement. Son front, un instant affaissé sous le chagrin d'une séparation pénible, se relève et reprend toute son énergie. Ses yeux brillent de leur éclat pénétrant, son geste devient décidé et son allure digne et ferme. A peine quelques mois se sont-ils écoulés que les accents du dialecte corse disparaissent sans retour de sa prononciation. Un de ses maîtres d'étude auquel ce changement si rapide n'avait point

(1) *Mémorial de Sainte-Hélène*, par de Las Cases, t. 1 p. 154.

échappé, l'en complimente un jour devant quelques écoliers.

— « Monsieur, lui répond le jeune Buonaparte, lorsqu'on mange le pain du roi, il n'est plus permis de paraître autre chose que Français (1). »

Cette réponse noble et spirituelle lui conquiert la sympathie de ses professeurs et de ses condisciples. Mais notre jeune Corse montra quelques jours après toute la fermeté de son caractère. Quelques élèves voulurent le soumettre aux épreuves burlesques auxquelles les anciens se permettaient quelquefois de soumettre les jeunes. Buonaparte repoussa deux de ses condisciples à coups de règle et fut condamné aux arrêts.

— « Si à l'avenir, lui dit le maître qui le surprit, vous n'êtes pas plus sage, on vous mettra en prison.

— Eh bien ! Monsieur, reprit-il, vous pouvez m'y mettre dès à présent, car je suis décidé à me faire justice de quiconque s'avisera de plaisanter sur moi.

— Mais personne ne vous plaisantera !

— Alors, Monsieur, je réponds de moi.

Le Père Patrault, professeur de mathématiques, qui assistait à cette scène, fut surpris de trouver dans ce jeune enfant tant de fermeté et d'énergie et se prit pour lui dès lors d'une affection qui ne se démentit jamais.

---

(1) Buonaparte dut ses rapides progrès au sous-principal Dupuy, jeune homme aussi complaisant qu'excellent grammairien et plus tard bibliothécaire particulier de l'empereur à la Malmaison.

Elevé par une pieuse mère, le jeune Corse remplissait avec ferveur ses devoirs religieux. On le vit même quelquefois se glisser dans la chapelle pendant les récréations pour y prier secrètement. C'est que le pauvre enfant n'avait alors que Dieu pour intermédiaire entre lui et sa famille et que plus d'une fois il venait chercher dans la chapelle de l'école la solitude qui se peuplait pour lui des souvenirs de la maison paternelle.

Doué d'une rare intelligence, aimé de ses maîtres et de ses condisciples, Buonaparte, instruit par un pieux catéchiste, vit arriver le jour de sa première communion. Sa conduite et ses sentiments furent ceux d'un enfant bien né. Il sentit avec une sorte d'exaltation bien naturelle le bienfait de cette heure fortunée où la grâce descend visiblement en nous. Jamais il n'oublia son directeur, qui devint son ami, ni la joie ineffable dont son âme fut inondée lorsque pour la première fois il reçut le pain des anges. Sur le rocher de Sainte-Hélène, en effet il ne regretta ni la puissance ni le bruit du canon, mais l'église et l'aumônier de Brienne qui avaient été témoins de ses plus douces émotions (1).

Quelques écrivains ont voulu par de belles anecdotes exploiter la crédulité publique et n'ont pas craint de publier des lettres que le jeune Buonaparte n'a pas écrites et de lui prêter un langage qu'il n'a pas tenu. A les entendre, l'élève de douze ans n'aurait été rien

(1) *Hist. des comtes de Brienne,* p. 234.

moins qu'un Pic de la Mirandole, frappant d'admiration ses condisciples et ses professeurs par la pénétration de son jugement, par la finesse de ses aperçus et par la profondeur de ses idées. Mais Napoléon domine trop les temps modernes pour qu'il soit permis de recourir à ces petits moyens pour exhausser son piédestal. Le jeune Buonaparte cultiva l'étude des mathématiques et fit des *Hommes illustres* de Plutarque sa lecture favorite. Elève doux, prévenant et studieux, il obtint quelques succès en géométrie et se lia de bonne heure avec Fauvelet de Bourrienne, qui lui disputait la première place dans sa classe (1). Quelques anecdotes authentiques nous permettront d'apprécier les belles qualités et surtout l'énergie du jeune Corse.

Un jour une division conduite par un Minime s'était répandue selon la coutume dans la campagne pour y faire quelques excursions. Le religieux chargé de la surveillance se trouve subitement frappé d'apoplexie. Loin de Brienne, privés de secours médicaux, les élèves se rassemblent et délibèrent si le religieux doit être déposé dans une maison voisine. Mais Buonaparte s'oppose à cette mesure :

— Vous voulez donc, s'écrie-t-il, laisser ici le père Anselme sans soins et sans amis pour veiller sur lui? Ceci peut être funeste, car il faut plus d'une heure pour regagner l'école et au moins une autre pour envoyer le médecin et les domestiques. Voilà donc deux

______

(1) *Mémoires de M. de Bourrienne*, t. I, p. 37.

heures pendant lesquelles le père souffrira sans aucun secours.

— Mais que faire ? objectent les élèves.

— Il faut faire un brancard, reprend Buonaparte, nous y placerons le père Anselme et nous le porterons à huit, en nous relayant à tour de rôle.

Les élèves reçoivent avec acclamation cette proposition, coupent en un clin-d'œil de grosses branches d'arbres, fournissent leurs mouchoirs et leurs cravates et parviennent à former un brancard assez solide pour y placer un homme.

Buonaparte préside aux préparatifs, fait placer le religieux sur un matelas composé des habits des plus grands élèves et se présente pour porter le malade. Mais ses camarades s'y opposent parce qu'il est trop faible et se mettent à l'œuvre. Buonaparte néanmoins se tient constamment près du brancard, faisant activer ou ralentir le pas, et disant parfois au Minime qui avait recouvré ses sens :

« Eh bien ! père Anselme, comment vous trouvez-vous ?

— Très-bien, mon cher de Buonaparte, répondait le religieux vraiment touché des soins dont il était l'objet; mais je vous fatigue tous.

— Est-ce qu'on se fatigue en soulageant ses maîtres ? répondait vivement Buonaparte.

Le cortége regagna l'école dans le plus grand ordre. Le religieux transporté dans l'infirmerie recouvra bientôt la santé et conserva pour le jeune Buonaparte une bien vive amitié.

Les élèves de Brienne allaient visiter quelquefois l'abbaye de Basse-Fontaine, située sur les rives de l'Aube et s'élançaient dans l'onde, lorsque la température le permettait. Un jour quelques condisciples de Buonaparte, trompant la vigilance des surveillants, s'éloignèrent de tous les regards et voulurent suivre le jeune Corse. Mais l'un d'eux, épuisé de fatigue, disparut bientôt dans les ondes. Des cris retentirent tout à coup sur les rives et sur la surface de l'eau, mais l'abîme ne rendit qu'un cadavre. Un saule fut planté sur le bord de l'Aube pour perpétuer le souvenir de cette lugubre scène. Longtemps après, un élève de Brienne, M. de Bourrienne, en retrouvant cet arbre, admirait la Providence qui avait épargné le jeune Corse pour changer la face du monde (1).

Habité par une noble famille, le château de Brienne, construit sur les plans de l'architecte Fontaines, excitait l'admiration des étrangers. Le duc d'Orléans s'y rendit en 1781 pour en visiter les appartements et les vastes dépendances. Des fêtes splendides et vraiment féériques furent données à ce prince. Satisfait des exercices publics du collége de Brienne, le duc d'Orléans voulut présider à la distribution des prix et des couronnes. Buonaparte, qui avait trouvé dans le cours de l'année classique la solution de quelques problèmes de géométrie, fut appelé pour recevoir un prix et une couronne de la main de Son Altesse. Frappé du jeune âge du lauréat, le prince, en lui posant la cou-

(1) *Mémoires de M. de Bourrienne.*

ronne sur la tête, lui adressa ces paroles bienveillan**tes** : « Puisse-t-elle vous porter bonheur ! » Son Altesse ce jour-là ne se doutait point que l'Europe vingt-deux ans plus tard verrait ce jeune élève ceint de la couronne de Charlemagne, tandis que les Bourbons seraient déchus et proscrits ! (1).

Tous les ans, la distribution des prix se faisait avec solennité ; les élèves jouaient même une comédie ou une tragédie qui excitait les vifs applaudissements de l'assemblée. Les religieux, fidèles observateurs de la discipline, ne permettaient à personne de pénétrer dans l'intérieur de l'école sans une carte signée du principal. Pour maintenir l'ordre, on établissait des postes composés d'élèves et commandés par les meilleurs sujets. L'an 1782, la femme du concierge Hauté, qui vendait journellement du lait, des fruits et des gâteaux, se présente pour assister à la fête. Le sergent du poste lui demande sa carte et lui déclare qu'elle ne peut entrer que lorsqu'elle l'aura exhibée. Mais cette femme, croyant que le jeune sergent plaisante, se récrie et veut entrer. Le sergent fait aussitôt son rapport à Buonaparte qui cette fois commandait le poste. Buonaparte accourt et toisant la femme du concierge, s'écrie :

« Qu'on éloigne cette femme qui apporte ici la licence des camps ! (2) »

(1) *Exercices publics de l'École royale militaire de Brienne*, 1781. Le nom de Buonaparte se trouve inscrit dans la classe de géométrie et de trigonométrie.

(2) *Mémoires de M. de Bourrienne*, t. I, p. 27. Cette femme fut depuis placée à la Malmaison avec son mari.

Le même jour, le jeune commandant recevait une couronne des mains du duc du Châtelet d'Haraucourt.

L'hiver de 1783 fut extrêmement rigoureux. Les élèves de Brienne descendaient dans les cours et cherchaient mille moyens de s'amuser et surtout de se réchauffer, Buonaparte peu communicatif, rêveur et taciturne, se mit avec ses condisciples à construire des fortifications en neige pour les défendre en brave combattant. Chaque jour des remparts s'élevaient donc et transformaient la cour des récréations en véritable place de guerre. Armés de boules de neige et partagés en deux corps, les jeunes élèves se préparaient par des combats inoffensifs à rendre au nom français son ancien éclat.

Un jour Buonaparte, bien approvisionné de projectiles, osa s'enfermer dans la place avec une vingtaine de ses camarades. Le siège fut vivement poussé ; le jeune corse monté sur l'épaulement d'une batterie dirigeait lui-même son artillerie contre les téméraires qui cherchaient à escalader les murailles. Mais, épuisée par une lutte opiniâtre, et forcée de se rendre par capitulation, la petite garnison obtint la gloire de sortir avec les honneurs de la guerre. Buonaparte, pour ne point profiter du bénéfice de la capitulation, sortit par une espèce de poterne de neige fondue que les assaillants n'avaient point remarquée. Quinze ans après, les Anglais quittaient Toulon repris par le génie de l'élève de Brienne. Religieux et laïques, tous se plaisaient à ces simulacres de guerre, et applaudissaient à ces actes d'un héroïsme pacifique qui révélait une intrépidité dont cette génération devait donner tant de preuves aux yeux de l'Europe entière.

Cette même année, couronné par Monseigneur Rouillé d'Orfeuil, Buonaparte excita les acclamations unanimes dans une autre circonstance. Le 25 août, jour de la fête du roi, tous les élèves mirent en commun leurs talents pour célébrer dignement cette solennité. Les petits firent des pièces d'artillerie et les grands, des vers et des transparents. Un de ces transparents, façonné par un élève, représentait Louis XVI appuyé sur la Justice et la Vérité. Cette œuvre remarquable réunit tous les suffrages et fut choisie pour être placée sur la façade de l'école. Une seule chose manquait, une inscription. Beaucoup se mirent à forger des vers latins ou des inscriptions plus ou moins boursouflées. Les pauvres Minimes, étourdis par mille sollicitations, ne savaient à qui donner la préférence, lorsqu'une voix claire et accentuée domina tout à coup ce tapage en disant :

« Tout cela n'est que de l'érudition ; deux mots suffisent. Bien qu'un transparent ne soit qu'un monument de quelques heures, l'inscription n'en doit pas moins être aussi concise, aussi laconique que celle d'un monument qui doit traverser les âges. » Cette voix était celle de Buonaparte.

— Eh bien ! répartit un régent, donnez-nous votre opinion, Monsieur de Buonaparte, ou faites mieux encore, proposez-nous une inscription comme vous l'entendrez.

— Rien de plus facile selon moi, répliqua Napoléon ;

trois mots vont suffire : au-dessous du transparent, il faut tracer en grosses lettres ces simples mots :

« A LOUIS XVI, A NOTRE PÈRE.

Des acclamations unanimes prouvèrent à Napoléon qu'il venait de traduire heureusement les sentiments de l'école entière. En effet l'inscription fut adoptée et le soir elle parut rayonnante au dessous des armes de France qui ornaient le fronton de l'école de Brienne (1).

L'année suivante, Napoléon Buonaparte subit un examen devant M. de Kéralio, inspecteur des études, et fut porté sur la liste de ceux qui devaient quitter Brienne. L'élève n'était fort que sur les mathématiques ; le P. Berton, principal, pensait qu'il fallait ajourner sa nomination, parce qu'il n'avait pas encore fait sa quatrième ; mais à toutes les objections le chevalier de Kéralio répondit :

« Je sais ce que je fais ; si je passe ici par-dessus la règle, ce n'est pas une faveur de famille, je ne connais point celle de cet enfant ; c'est pour lui-même que j'agis ainsi, car j'aperçois ici une étincelle qu'on ne saurait trop cultiver. (2) »

M. de Kéralio mourut peu de temps après. S'il eut vécu quelques années encore, il eut pu s'enorgueillir à juste titre d'avoir été un des premiers à pressentir dans l'enfant le génie le plus prodigieux qui

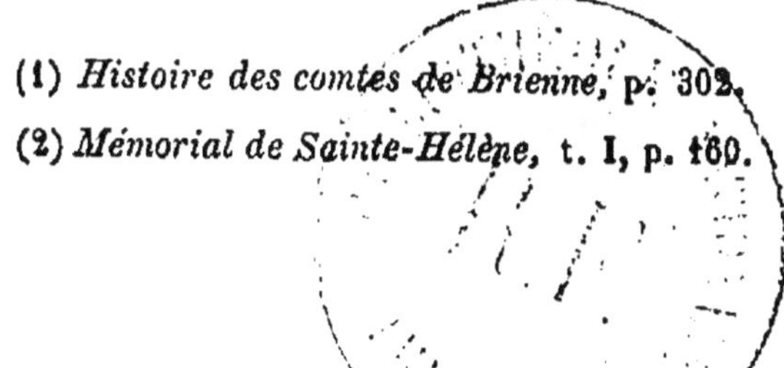

(1) *Histoire des comtes de Brienne*, p. 302.

(2) *Mémorial de Sainte-Hélène*, t. I, p. 160.

ait jamais étonné le monde. La note de l'admission de Buonaparte à l'école militaire de Paris, conservée longtemps dans les archives du ministère de la Guerre, portait ces mots :

École royale militaire de Brienne.

État des élèves du Roi susceptibles par leur âge d'entrer au service ou de passer à l'école de Paris, savoir : « M. Buonaparte (Napoléon), né le 15 août 1769, taille de 4 pieds 10 pouces 10 lignes, de bonne constitution, excellente santé, caractère soumis, honnête et reconnaissant ; sa conduite est très-régulière. Il s'est toujours distingué par son application aux mathématiques, sait passablement l'histoire et la géographie ; il est faible dans les arts d'agrément. Ce sera un excellent marin : mérite de passer à l'école de Paris. »

Le chevalier de Renault qui succéda à M. de Kéralio respecta les instructions de son prédécesseur. L'élève du roi partit donc de Brienne le 17 septembre avec un mince bagage et monta sur le coche de Nogent-sur-Seine qui devait le mener à Paris (1). Le Père Patrault fut consterné de la perte de son premier mathématicien, car il n'y avait pas moins de cinq ans et près de cinq mois que Buonaparte était à Brienne, ainsi qu'il résulte de l'extrait suivant du registre de sortie de l'Ecole :

« Le 17 septembre 1784, est sorti de l'Ecole Royale

---

(1) *Mémoires de M. de Bourrienne*, t. I, p. 41.

Militaire de Brienne, M. Buonaparte (Napoléon), né en la ville d'Ajaccio le 15 août 1769, fils de noble Charles-Marie Buonaparte, député de la noblesse corse, demeurant en la dite ville d'Ajaccio, et [de dame Létitia Ramolino. Reçu dans cet établissement le 23 avril 1779. »

« Le même jour sortirent avec Napoléon de Buonaparte, pour se rendre à l'Ecole militaire de Paris, MM. Nicolas-Laurent de Montarby, Jean-Joseph de Comminge, Henri-Alexandre-Léopold de Castres et Pierre-François-Marie Laugier de Bellecourt. (1) »

M. de Bourrienne prétend que l'*u* dans le nom de Buonaparte ne fut supprimé que pendant la première campagne d'Italie et que le conquérant n'eut d'autres motifs que de conformer l'orthographe à la prononciation et d'abréger sa signature (2). Quoi qu'il en soit, dans les *Exercices publics* de l'École de Brienne, son nom se trouve inscrit dès 1780 en trois mots, *de Buona parte* à la suite desquels on ajoute *de l'isle de Corse.*

S'il faut en croire l'ancien ministre d'Etat, sa famille n'aurait joui que d'une bien médiocre fortune, car son père aurait plus d'une fois sollicité la bienveillance de M. de Ségur, alors ministre de la guerre. Mais les bienfaits du roi ne s'étendaient-ils pas à cette époque à beaucoup d'enfants de familles honorables (3). ?

Né dans l'île de Corse dont la France venait d'ac-

(1) *Registre de M. Berton, sous-principal du collége.*
(2) *Mémoires de M. de Bourrienne,* p. 18.
(3) Id. p. 32.

quérir la possession, Buonaparte conserva toujours beaucoup d'affection pour son pays natal, et entreprit bien jeune l'histoire de son île. Il admirait surtout Paoli et ne craignait point de blâmer son père, même devant le révérend Berton, principal de Brienne, de n'avoir pas suivi la fortune du héros corse.

Lucien Bonaparte remplaça son frère et resta quelques années chez les bons Pères Minimes qui eurent l'honneur d'être désignés en 1788 pour recevoir quarante cadets-gentilshommes destinés au génie et auxquels devait s'adjoindre un pareil nombre de pensionnaires. Les religieux construisirent, appelèrent des maîtres et firent de grosses dépenses. Mais l'administration ne solda presque rien et trente-cinq gentilshommes avec quatre pensionnaires seulement remplacèrent les quatre-vingts élèves attendus, de sorte que le déficit ne tarda pas à se faire sentir. La France soulevée s'agita bientôt dans les clubs et n'accueillit aucune des plaintes des Minimes. La maison de Brienne elle-même, si longtemps protectrice de ces religieux, n'osa plus élever la voix en leur faveur, ne comptant guère sur la cour et sur le peuple, malgré sa popularité.

Le 28 septembre 1790, des commissaires vinrent donc dresser l'inventaire des meubles des religieux dont les noms suivent : Louis Berton, principal, Jean-Baptiste Berton, sous-principal, Barthélemi Genin, Avia, Chataux, Bouquet, Le Roy, L'Emery, Kéhélé, Henriot, Caillet et Fournier. Parmi les objets désignés je ne citerai que la statue de Voltaire qui fut trouvée dans la chambre du père Caillet. Ce brave religieux ne se doutait guère que le philosophe, qui témoigna tant de sympathie au roi de Prusse et dont tous les actes décélèrent la plus sordide avarice, avait préparé par ses écrits licencieux la révolution qui devait causer tant de désastres. Quoi qu'il en soit, supprimée par un décret en 1793, la maison des Minimes, successivement maison de détention et chantier militaire, tomba en ruine jusqu'à ce qu'une succursale du couvent des Carmélites de Troyes la remplaçât, ne conservant que l'allée de tilleuls à l'ombre desquels s'était exercé celui qui dicta quelque temps des lois à l'Europe !

Beaucoup de nobles voyageurs ont visité cette allée, déplorant la triste destinée du pauvre exilé de Sainte-Hélène et ont emporté des feuilles et des fragments d'écorce des tilleuls comme de précieuses reliques. Ils saluaient avec respect les ruines de cette école, étonnés de ne pas y trouver une inscription, pas même une pierre consacrée à la mémoire de l'homme qui a rempli l'univers de son nom. Des Polonais y sont surtout venus verser des larmes et lever les yeux au ciel pour redemander la patrie qu'ils ont perdue. Vœux superflus ! La Pologne a disparu de la carte de l'Europe et le grand homme ne se lèvera plus.

Le 29 mai 1859, Brienne cependant voulut solennellement constater le séjour que fit le jeune Bonaparte dans son antique école et lui dresser une statue devant son Hôtel-de-Ville pour en perpétuer le souvenir. Les étrangers peuvent admirer le talent de

M. Rochet, qui a représenté Bonaparte sous le costume d'élève de Brienne, tenant *la vie des hommes illustres de Plutarque,* lecture favorite du jeune héros. Mais, comme si Brienne ne rappelait que son humble origine, l'école n'a point été rétablie et les Carmélites ont abandonné cet asile pour le céder à un pensionnat de médiocre importance.

*
* *

Neveu d'une des sœurs hospitalières de Brienne et doué d'une rare intelligence, Pichegru fut élevé gratuitement à l'école des Pères Minimes et fit de si rapides progrès que le père Patrault, son compatriote, le chargea de la classe élémentaire de mathématiques. Buonaparte, plus jeune, reçut donc les premières leçons du futur vainqueur de la Hollande. Pichegru songeait même à cette époque à se faire minime, mais le Père Patrault l'en détourna, car ce religieux voyait dèjà poindre l'orage révolutionnaire qui devait renverser le trône et l'autel. Pichegru de maître de quartier et de répétiteur à l'école de Brienne, s'enrôla dans l'artillerie et conquit une gloire éclatante en peu d'années.

*
* *

Le Père Patrault, devenu grand vicaire de M. de Brienne, archevêque de Sens, aurait, dit-on, procuré du poison à ce prélat pour lui éviter l'échafaud et aurait été chargé de soustraire les deux jeunes filles de

Madame de Loménie, nièce de l'infortuné pontife, lorsque celle-ci périt frappée par le tribunal révolutionnaire. Mais il paraît qu'il voulut en faire de simples paysannes selon la recommandation de leur mère et qu'il avait formé le dessein de les marier plus tard à ses deux neveux. Quoi qu'il en soit, Napoléon, devenu général de l'armée de l'intérieur, lui fit rendre ces enfants à leur tante, Madame de Brienne, et l'appela en Italie « où il se montra plus propre à calculer la courbe des projectiles qu'à en braver les effets. » A Montenotte, à Millesimo, à Dego, il fit voir la poltronnerie d'un enfant ! (1) Mais nommé administrateur des domaines à Milan, il acquit une assez belle fortune et vint se présenter devant Napoléon qui revenait d'Egypte, non plus en petit minime de Champagne, mais en gros financier, possédant plus d'un million. Deux ans après, le Père Patrault venait frapper à la porte du premier Consul, à la Malmaison, mais cette fois « chétif, défait et mal vêtu. »

Qu'est-ce? lui dit le Consul.

— Vous voyez un homme ruiné qui n'a plus rien au monde.

— Comment ?

— Oui, des malheurs inouïs.

Le premier Consul voulut les vérifier par la voie de la police et reconnut que le Père Patrault avait tout perdu par des banqueroutes « en prêtant à la petite semaine. »

(1) *Mémorial de Sainte-Hélène*, t. 1, p. 157.

— J'ai déjà payé ma dette, lui dit le premier Consul en le revoyant, je ne peux plus désormais rien pour vous ; je ne saurais faire deux fois la fortune d'un homme. » Et il se contenta de lui faire donner une modique pension.

Comme on le voit, Napoléon n'avait pas oublié ses anciens professeurs. Le Père Berton devint proviseur du lycée de Reims et le Père Bouquet censeur des études. Son ancien directeur spirituel, le Père Charles reçut lui-même sa visite dans la ville de Dôle où il s'était retiré et refusa la place que Napoléon lui offrait à cause de son grand âge (1).

*
* *

Lorsqu'en 1805 Napoléon se disposait à ceindre la couronne lombarde, ce conquérant voulut revoir la petite ville de Brienne. Il parcourait les lieux où s'était écoulée sa première jeunesse, lorsque tout à coup il se mit à galoper jusqu'à la porte d'une chaumière et entra chez une pauvre paysanne dont la vue affaiblie par l'âge ne put le reconnaître.

— Bonjour, mère Marguerite, dit Napoléon en saluant, vous n'êtes donc pas curieuse de voir l'Empereur ?

— Si fait, mon bon Monsieur, je vais même porter ces œufs frais au château où j'espère l'apercevoir. Ce n'est pas l'embarras, je ne le verrai pas si bien au-

(1) *Histoire des comtes de Brienne,* p. 251.

jourd'hui qu'autrefois... quand il venait avec ses camarades boire du lait chez la mère Marguerite. Il n'était pas empereur dans ce temps-là, mais c'est égal, il faisait marcher les autres. Dame ! fallait voir... le lait, les œufs, le pain bis, les terrines cassées, il avait soin de me faire tout payer et il commençait lui-même par payer son écot.

— Comment, mère Marguerite, reprit en riant l'Empereur, vous n'avez pas oublié le petit Bonaparte ?

— Oublié ! mon bon Monsieur, vous croyez qu'on oublie un jeune homme comme celui-là, qui était sage, sérieux, mais sans orgueil et toujours bon pour les pauvres gens. Je ne suis qu'une paysanne, mais j'aurais prédit que ce jeune homme-là ferait son chemin.

— Il ne l'a pas trop mal fait, n'est-ce pas ?

— Ah ! dame, non.

Napoléon que cette scène égayait se mit à se frotter les mains et à dire en tâchant de se rappeler les manières et le ton qu'il avait eus dans son enfance, lorsqu'il venait chez la paysanne :

—Allons, la mère Marguerite, du lait, des œufs frais, nous mourrons de faim.

La bonne vieille, toute surprise, parut chercher à rassembler ses souvenirs et se mit à considérer son interlocuteur avec une grande attention,

— Eh bien ! vous étiez si sûre tout à l'heure de reconnaître l'Empereur ?

A peine Napoléon avait-il prononcé ces mots que la bonne paysanne était tombée à ses pieds. Mais la relevant avec bonté, l'Empereur lui dit :

— En vérité, mère Marguerite, j'ai faim, bien faim.
N'avez-vous rien à me donner ?

La bonne femme apporta bien vite piquette et pain
bis. Napoléon mangea avec un appétit d'écolier et,
le repas fini, donna à sa vieille hôtesse une bourse
pleine d'or en lui disant :

« Vous savez que j'aime qu'on paye son écot. Adieu,
je ne vous oublierai pas. »

Et, tandis que l'Empereur remontait à cheval, la
bonne vieille sur le seuil de sa porte lui promettait
de prier Dieu pour lui.

****

Dans une autre de ses excursions, Napoléon trouva
sur son passage un honnête boulanger qui s'était
revêtu de l'uniforme des domestiques autrefois atta-
chés au collége des Minimes. L'empereur reconnaît
sur le champ son ancien valet de chambre.

— N'est-ce point toi, Poncet? lui dit Napoléon.

— Oui, Sire, réplique Poncet, votre ancien petit
serviteur.

— Que fais-tu ?

— Je suis boulanger.

— Es-tu marié ?

— Oui, Sire.

— As-tu des enfants ?

— Sire, j'en ai sept.

— C'est beaucoup, mais j'aurai soin de toi.

Et en même temps, M. de Canisi, premier écuyer

de l'Empereur, remettait cinquante louis à Poncet, par l'ordre de son maitre. Claude Poncet, de Chalette, voulut suivre son bienfaiteur, mais le mal du pays et une blessure le forcèrent de rester à Brienne où il racontait encore naguère bon nombre d'anecdotes relatives au héros des temps modernes (1).

*
* *

Les bons Pères Minimes avaient déposé dans une sorte de buanderie les vieux cahiers de devoirs de leurs anciens élèves. Ces cahiers, qui furent retrouvés en 1844, n'en contenaient qu'un seul de Bonaparte, écrit en lettres peu correctes et presque illisibles. La bibliothèque de Troyes devait s'enrichir de ce spécimen, lorsqu'un habile spéculateur parvint à le soustraire. Dans quel cabinet se trouve-t-il ? Nous l'ignorons, mais cette découverte nous a rappelé que si le jeune Corse n'écrivait pas lisiblement à Brienne, il n'oublia point sur le trône le digne professeur qui lui avait donné des leçons de calligraphie.

Napoléon se promenait un jour dans le parc de Saint-Cloud, lorsqu'un homme simplement vêtu et d'un âge avancé vint solliciter du grand maréchal la faveur d'une audience particulière du Souverain. In-

(1) Les archives de l'Aube ont conservé les noms des huit domestiques de l'école de Brienne en 1792. Ces modestes serviteurs étaient Nicolas Gilbert, Pierre Piat, Coulon, Jean Ponton, Nicolas Guyot, Poncet, Chrétien et Bienaimé. Cartons 436, 444, 1077.

troduit quelque temps après dans le cabinet de l'Empereur :

— Qui êtes-vous et que voulez-vous ? demande séchement Napoléon.

— Sire, lui répond le solliciteur fort intimidé, c'est moi qui eus l'honneur de donner des leçons d'écriture à Votre Majesté pendant quinze mois à Brienne.

— Le bel élève, ma foi, que vous avez fait là, répond vivement i'Empereur, je vous en fais mon compliment.

Puis riant de sa vivacité, Napoléon adressa quelques bienveillantes paroles au vieux professeur et lui dit en le congédiant:

— C'est bien ! c'est bien ! je n'oublierai pas mon maître d'écriture.

Et en effet le professeur de Brienne recevait quelques jours après le brevet d'une pension de 1,200 francs.

Parmi les maîtres d'écriture de l'école de Brienne, nous ne pouvons citer que Claude Merger, Leclerc et Gaspard de France. Il faut croire que les leçons de calligraphie ne produisaient que de bien maigres appointements, car dès 1778 Claude Merger suppliait l'intendant de la province de Champagne « d'approuver le traité qu'il passait avec les habitants de Brienne-la-Vieille pour trois ans, de remplir la fonction de recteur de l'école de cette commune (1). »

(1) Archives de l'Aube, carton 436.

PIÈCES CURIEUSES

ET

PIÈCES JUSTIFICATIVES.

I.

La première pièce est une lettre que le jeune de Buonaparte aurait écrite le 5 avril 1781 à son père pour le prier de le retirer de Brienne. Mais M. Bourgeois a prouvé dans son *Histoire* déjà citée qu'un jeune écolier de douze ans ne se serait point permis d'écrire une telle lettre dans une école où l'égalité, si vantée de nos jours, existait dans toute sa plénitude. Nous en laissons la responsabilité à M. Petit qui dans son *Napoléon à Brienne* s'est montré romancier plutôt qu'historien.

« Mon père,

» Si vous ou mes protecteurs ne pouvez me fournir
» les moyens de paraître plus dignement dans cette
» école, faites-moi revenir à la maison, et cela sur le
» champ ; je suis fatigué d'être comme un mendiant

» et de voir d'insolents condisciples, qui n'ont que
» leur fortune pour toute recommandation, se moquer
» de ma pauvreté. Il n'y a pas un individu qui ne me
» soit inférieur par les nobles sentiments dont mon
» âme est enflammée. Quoi ! Monsieur, votre fils sera-
» t-il en butte aux sarcasmes de ces jeunes gens riches
» et impertinents, qui affectent de plaisanter des pri-
» vations que j'éprouve ? Non, mon père, non... Si ma
» position ne peut être améliorée, retirez-moi de
» Brienne, [faites-moi apprendre un métier, s'il est
» nécessaire; placez-moi avec mes égaux et je réponds
» que je serai bientôt leur supérieur. Vous pouvez
» juger de mon désespoir par la proposition que je
» vous fais. Encore une fois, j'aimerais mieux être le
» premier dans une manufacture, que d'être exposé à
» la risée publique dans la première académie du
» monde.

» N'allez pas vous imaginer que ce que j'écris est
» dicté par le désir de me livrer à des amusements
» dispendieux, ils n'ont aucun attrait pour moi ; je
» n'ai d'autre ambition que celle de prouver à mes
» camarades que j'ai comme eux les moyens de me
» les procurer.

» Votre fils respectueux et soumis,

» NAPOLÉON BONAPARTE. (1) »

(1) *Napoléon à Brienne,* par Petit, Troyes, 1839, p. 47

II.

La seconde pièce est une lettre de Buonaparte qui me paraît plus authentique.

« Mon cher père,

» Votre lettre, comme vous pensez bien, ne m'a pas fait beaucoup de plaisir ; mais la raison et les intérêts de votre santé et de la famille, qui me sont fort chers, m'ont fait louer votre prompt retour en Corse et m'ont consolé tout à fait. D'ailleurs, étant assuré de la continuation de vos bontés et de votre attachement et empressement à me faire sortir et seconder en ce qui peut me faire plaisir, comment ne serais-je pas bien aise et content ? Au reste, je m'empresse de vous demander des nouvelles des effets que les eaux ont fait sur votre santé et de vous assurer de mon respectueux attachement et de mon éternelle reconnaissance.

» Je suis charmé que Joseph soit venu en Corse avec vous, pourvu qu'il soit ici le 1er de novembre, deux mois environ de cette époque. Joseph peut venir ici parce que le père Patrault, mon maître de mathématiques, que vous connaissez, ne partira point. En conséquence, monsieur le Principal m'a chargé de vous assurer qu'il sera très-bien reçu ici et qu'en toute sûreté il peut venir. Le père Patrault est un excellent maître de mathématiques, et il m'a assuré particulièrement qu'il s'en chargerait avec plaisir; et si mon frère **veut** travailler, nous pourrons aller ensemble à l'examen d'artillerie. Vous n'aurez aucune démarche à faire pour moi, puisque je suis élève simplement. Il faudrait en faire pour Joseph ; mais puisque vous avez une lettre pour lui, tout est dit. Ainsi, mon cher père, j'espère que vous préférerez le placer à Brienne plutôt qu'à Metz, par plusieurs raisons.

» 1º Parce que cela sera une consolation pour Joseph, Lucien et moi ;

» 2º Parce que vous seriez obligé d'écrire au principal de Metz, ce qui retardera encore, puisqu'il vous faudra attendre sa réponse ;

» 3º Il n'est pas ordinaire à Metz d'apprendre ce qu'il faut que Joseph sache pour l'examen, en six mois ; en conséquence, comme mon frère ne sait rien en mathématiques, on le mettrait avec des enfants, ce qui le dégoûterait. Ces raisons et beaucoup d'autres doivent vous engager à l'envoyer ici, d'autant plus qu'il sera mieux. Ainsi j'espère qu'avant la fin d'octobre j'embrasserai Joseph. Du reste il peut fort bien ne partir de Corse que le 26 ou 27 d'octobre, pour être ici le 12 ou 13 novembre prochain.

» Je vous prie de me faire passer Boswel *(Histoire de Corse)* avec d'autres histoires ou mémoires touchant ce royaume, Vous n'avez rien à craindre, j'en aurai soin et les rapporterai en Corse avec moi, quand j'y viendrai, fût-ce dans six ans.

» Adieu, mon cher père. Chevalier vous embrasse de tout son cœur. Il travaille fort bien, il a fort bien su à l'exercice public. Monsieur l'inspecteur sera ici le 15 ou le 16 au plus tard de ce mois, c'est-à-dire dans 3 jours. Aussitôt qu'il sera parti, je vous manderai ce qu'il m'a dit. Présentez mes respects à *Minana Saveria, Zia Geltrude, Zio Nicolino, Zia Touta,* etc. Mes compliments à *Minana Francesca, Santo, Giovanna, Orazio;* je vous prie d'avoir soin d'eux. Donnez-moi de leurs nouvelles et dites-moi s'ils sont à leur aise. Je finis en vous souhaitant une aussi bonne santé que la mienne.

» Votre très-humble et très-obéissant
T. C. et fils.
» De Buonaparte, l'arrière cadet (1). »

III.

Copie d'une lettre adressée à M. le chevalier de Renaud, inspecteur des écoles militaires, en date du 14 mars 1790.

Monsieur,

En l'absence du Principal que des affaires, en sa qualité de Provincial de Champagne, tiennent pour quelques jours éloigné de notre École, j'ai l'honneur de vous adresser les actes de sortie de MM. de Roys et de Chaunal et l'état de l'argent, des hardes et effets qu'on leur a délivrés lors de leur départ. Vous les

(1) L'original de cette lettre se trouve entre les mains de M. Braccini, d'Ajaccio, qui l'a communiqué à M. Nasica, conseiller à la Cour d'appel de Bastia, et auteur de *Mémoires sur l'enfance et la jeunesse de Napoléon* publiés à Paris en 1852, in-8 de 406 pages.

trouverez cy-joints ainsi que l'acte mortuaire de M. de St Eusébe. Cet aimable enfant a subi le sort commun ; rien n'a pu l'y arracher : veilles soutenues, soins multipliés à l'infini, tout a été inutile : ce pauvre enfant est mort le 30 décembre à 8 h. du matin au grand regret de ses maîtres respectifs. La docilité de son caractère, ses heureuses dispositions lui conciliaient l'amitié générale, il annonçait devoir être un excellent sujet et j'aime à me persuader que, s'il eut vécu, il aurait fait l'honneur de notre établissement, la consolation et le bonheur de sa famille. Permettez-moi, Monsieur, de ne pas m'appesantir sur ce sujet ; il est trop triste. Il est plus urgent, je crois, de vous parler de notre position actuelle.

Elle est toujours la même, c'est-à-dire des plus contrariées. C'est un vaisseau battu par la tempête et qu'un coup de vent peut submerger. Quels que soient nos efforts, nous ne pouvons saisir une assiette tranquille ; toujours ballottés par des créanciers qui viennent nous assaillir à chaque instant, nous éprouvons parfois des bourrasques dont il est difficile de nous garantir. Nos moyens dans les circonstances présentes sont moins que médiocres et j'ose dire que, sans un secours pécuniaire, sans le paiement de notre quartier dont nous n'avons pas encore entendu parler, il nous est impossible de conserver la place ; nous serons obligés de la vuider et de l'abandonner à qui voudra la prendre. Ce sera, je le confesse, un coup d'éclat ; mais comment le parer, Monsieur l'Inspecteur ? Tout semble venir nous accabler à la fois : nos revenus annuels, vous le sçavez, souffrent une diminution de 32,000 liv. Ajoutez à cela l'augmentation des denrées, les mêmes charges à supporter, vous sentirez, je ne dis pas la difficulté, mais l'impossibilité de nous soutenir, surtout depuis l'insurrection générale contre les Religieux. Notre crédit est absolument nul ; et d'après le décret qui nous dépouille du titre sacré de propriétaire, pouvons-nous espérer que les capitalistes, les riches particuliers laissent échapper leur numéraire et nous le confient. Si nos biens étoient encore à nous, qu'aurions-nous à craindre avec le désir que nous avons de nous sacrifier, nous en avons déjà donné des preuves par les dettes que nous avons déjà contractées, qu'aurions-nous à redouter, si nous avions le pouvoir d'engager, d'hypothéquer les biens fonds de notre Province ? Le Chapitre laisse le champ libre au provincial et cette ressource nous est enlevée au moment qu'on la lui offre. Que Messieurs nos députés relâchent quelque chose de leur décret, qu'ils en exceptent notre petite province de Champagne, alors on verra ce dont nous sommes capables. Les pauvres Minimes tenteront l'impossible pour soutenir leur école ; ils épuiseront toutes leurs ressources physiques ; ils se ruineront, s'il le faut, pour prouver à toute la France qu'ils étoient dignes de la confiance dont les honoroit le gouvernement.

Quoi qu'il en soit, M. l'Inspecteur, comptez sur nous comme sur vous même et persuadez-vous de l'activité, du zèle que nous mettrons à remplir vos vues.

Archives de l'Aube.

IV.

Je dois à l'obligeance de M. Alexis Socard, libraire à Troyes, la communication de l'opuscule suivant :

EXERCICES PUBLICS

Des élèves de l'Ecole Royale militaire de Brienne-le-Château, tenue par les religieux Minimes, dédiés à Monseigneur Claude-Matthias-Joseph de Barral, évéque de Troyes, abbé-comte d'Aurillac, conseiller du Roi en tous ses conseils, etc., etc. (1)

Ces exercices commencèrent le 9 septembre 1780 et finirent le 14. Les séances durèrent depuis neuf heures jusqu'à midi et depuis trois heures jusqu'au soir.

L'opuscule débute par ce paragraphe :

RELIGION.

La connaissance des preuves de la Religion et celle de la Doctrine qu'elle enseigne sont l'une et l'autre indispensables pour tout homme qui veut avoir une foi éclairée dans le culte qu'il doit rendre à Dieu. Dans les instructions qu'on a faites aux élèves, on s'est attaché à ces deux points principaux qu'on leur a développés selon leur âge et leur capacité. On s'est appliqué en premier lieu à les convaincre du bonheur que nous avons d'être nés dans la seule véritable

(1) A Troyes, chez la veuve Gobelet, imprimeur de l'Ecole Royale militaire de Brienne, petit in-4° de 52 pages, 1780.

religion, en leur exposant les caractères éclatans qui en démontrent la vérité : on s'est efforcé ensuite de leur mettre sous les yeux ses préceptes et de leur inspirer l'amour des devoirs qu'elle nous prescrit envers un Dieu Créateur, Conservateur et Rédempteur du monde ; envers les autres hommes, enfin envers nous-mêmes.

Les élèves formaient plusieurs divisions. Les suivants devaient expliquer le 21e livre de l'Histoire Romaine par Tite-Live, les trois premiers livres des Odes d'Horace et le Plaidoyer de Cicéron en faveur de Milon et répondre sur les éléments de la Rhétorique et sur l'Histoire de France :

Le Père l'aîné, de Paris.

De Chenu, d'Auxerre.

De Grésigny, de Dijon.

De Laure, de Dornecy près Clamecy.

Le Febvre, de Torvilliers.

Mailly, Théodore, de Brienne-le-Château.

Mailly du Montois,   id.

Les élèves suivants devaient traduire le premier livre de l'Enéide de Virgile, la seconde Catilinaire de Cicéron et les trois premiers livres des Commentaires de César touchant les guerres des Gaules et répondre sur la poésie en général et sur les différentes sortes de Poëmes :

De Frasans, de Lyon.

De Jean de Saint-Marcel, de Luxeuil.

De Boisjoly, du diocèse de la Rochelle.

De Bonnay, du diocèse de Châlons-sur-Marne.

De Villemont de Fauvelet, de Sens.

De Bonniot de Chevillon, du diocèse de Metz.

Becquerel de Bourdoisière, de Châtillon-sur-Loing.

Aimard de Franchelins de Montval, de Mâcon.

Les bons Pères admettaient quatre sortes de compositions poétiques et initiaient leurs élèves aux poésies du *Camoüens*, du *Tasse*, de *Milton*, d'*Eschile*, de *Sophocle*, d'*Euripide*, de *Plaute*, de *Théocrite*, de *Moschus*, de *David*, de *Pindare*, d'*Horace*, de *Lucilius*, de *Perse*, de *Juvénal* et de *Despréaux*.

Les élèves de la troisième division devaient traduire les vies des huit premiers hommes illustres de Cornélius Népos et les sept premières Eglogues de Virgile et répondre aux questions qui leur seraient faites sur les Egyptiens et les anciens peuples de l'Asie :

De la Cailletière, de l'Isle de Ré.

De Thummery l'aîné, d'Essegney, près Charmes, en Lorraine.

De Porte, de Montier-en-Der.

De Gudin, de Gien-sur-Loire.

De Ravault, de Montargis.

De Luc, de Metz.

Collinet de la Salle, d'Epinal.

Le Père, cadet, de Montpellier.

De Calvet, de Foix.

Les élèves suivants devaient expliquer l'Histoire Romaine par Eutrope et les quatre premiers livres des Fables de Faërne et répondre sur l'histoire des empereurs depuis la mort de Constantin-le-Grand jusqu'au règne de Théodoric :

De Chermont, de l'Isle-de-Ré.

De Montrond, du diocèse de Metz.

Le Petit de Brauvilliers, de Châlons-sur-Marne.

De la Roche-Ponsié, d'Autun.

De Laval, de Lyon.

De Mirablon, de Paris.

De Ville-sur-Arce, le chevalier.

Courlet de Vrégile, le chevalier, de Toul.

De Gallois de Hautecour, du diocèse de Metz.

Les élèves suivants devaient expliquer les quatre principaux miracles de Jésus-Christ, tirés des paraphrases d'Erasme et le premier livre des fables de Phèdre et répondre aux questions qui leur seraient faites sur l'histoire abrégée du Nouveau-Testament et sur la syntaxe de la petite grammaire française de Vailly :

De Nansouty, de Bordeaux.

Brizard du Matret, chevalier, de l'Isle-de-Ré.

De la Marche de Hédouville, du diocèse de Châlons-sur-Marne.

Mailly du Frenay, de Brienne-le-Château.

De Villemont de Bourienne, de Sens.

D'Aoust, chevalier, de Douay.

De Thummery, chevalier, d'Essegney, près Charmes en Lorraine.

De Rigollot, de Vassy.

De Buona Parte, *de l'Isle de Corse.*

Samson, de Rhetel.

De Belchamp, de Metz.

Royer, de Brienne.

Demay, de Château-Porcien.

De la Colombière, de Montpellier.

Abrégé de l'histoire du Nouveau-Testament.

Ce que c'est que l'Histoire du nouveau Testament... Livres qu'il renferme... Sommaire des livres des Evangélistes... des Actes des apôtres... des Epîtres des apôtres et de l'Apocalypse de Saint Jean... Temps où Jésus-Christ est venu au monde... Etat du monde à la venue de Jésus-Christ... Erreur des Saducéens... Pharisiens... Hérodiens... Prodiges qui précédèrent la naissance du Messie... Différence entre la manière dont l'ange Gabriel parla à Zacharie, et celle dont il parla à la sainte Vierge... Trouble de la sainte Vierge lorsque l'ange vint lui annoncer qu'elle seroit la mère de Dieu... Mystère de l'Incarnation... Ce que fit la sainte Vierge après avoir conçu le Messie... Réception que fit Elisabeth à Marie... Où naquit le Sauveur du monde... Evénement qui obligea la sainte Vierge de mettre au monde le Messie à Bethléem... Dieu fait connaître la naissance de son Fils... Jésus-Christ vient au monde dans un état vil et pauvre, pourquoi... Circoncision de Jésus-Christ... Surprise d'Hérode à l'arrivée des Mages... Les Mages, après avoir adoré le Messie, ne retournent point vers Hérode, pourquoi... Demeure de Jésus-Christ après son retour d'Egypte... Il instruit les docteurs dans le Temple, à l'âge de douze ans... Reçoit le baptême de saint Jean-Baptiste... Dieu y manifeste son Fils... Tentation de Jésus-Christ dans le désert... Son premier miracle... Il le fait à la prière de sa Mère... Parmi le grand nombre de ses disciples il en choisit douze d'une manière particulière... Après ce choix, il les conduit sur une montagne et les harangue... Les huit béatitudes... Où le Sauveur du monde préchoit son Evangile... Parabole du Roi qui faisoit les noces de son fils... Réflexions sur cette parabole... Parabole du Samaritain... But de Jésus-Christ dans cette parabole... Parabole de l'Enfant prodigue... Le Père de famille oublie les égaremens de son fils et lui rend ses bonnes grâces... Parabole du mauvais Riche et de Lazare... Sens moral de cette Parabole... Vie de Jésus-Christ, exemple de toutes les vertus... Ses plus grands miracles... Effets que produisent les miracles de Jésus-Christ... Les docteurs de la loi cherchent à surprendre Jésus-Christ dans ses discours... Jésus-Christ voyant que la haine des Juifs augmentoit contre lui sort de Jérusalem pour quelque temps... Zèle de Jésus-Christ contre ceux qui profanoient le Temple... Jalousie des ennemis de Jésus-Christ à l'occasion de son entrée triomphante dans Jérusalem... Moyen qu'employèrent les Juifs pour se saisir de Jésus-Christ... Cène de Jésus-Christ avec ses disciples, ce qui s'y passa... Institution de l'Eucharistie... Exhortation de Jésus-Christ à ses apôtres, après la Cène... Etat de Jésus-Christ dans le jardin des Oliviers... Paroles de Jésus-Christ à Judas lorsqu'il fut embrassé par trahison... Action de saint Pierre quand les Juifs se saisirent de son Maître... Sur quoi Jésus-Christ fut interrogé par Caïphe... Ce que fit ce Pontife en voyant que les accusations formées contre Jésus-Christ ne suffisoient pas... Les Juifs, après avoir jugé Jésus-Christ digne de mort, le menèrent à Pilate, pourquoi... La vue de Jésus-Christ flagellé ne diminue pas la fureur des Juifs... Jésus-Christ est condamné à être crucifié, son crucifiement... Réflexions sur la Passion de ce divin Sauveur... Prodiges qui parurent à sa mort... Sépulture de son corps crucifié... Jours qu'il resta dans le tombeau... Frayeur des gardes à la vue de l'ange qui vint renverser la pierre du tombeau... Ruse des Juifs pour persuader que les disciples de Jésus-Christ avoient enlevé son corps... Sentiment de saint Augustin sur cette ruse.

Les exercices de mathématiques comprenaient l'arithmétique, depuis les opérations fondamentales jusqu'aux logarithmes, la géométrie, la trigonométrie, l'algèbre et les sections coniques.

Sur l'arithmétique devaient répondre:

De Champmilon, de Sens.
Le Vasseur.
De Boisjoly.
De Pierre.
De Luc.
Collinet de la Salle.
De Gudin.
De Vrégille, chev.
De Laval, l'aîné.
Mailly de Montois.
Mailly Théodore.
De Nansouty.
Brizard du Martret, chev.
De Villemont de Bourienne.
De Ville sur Arce, chev.
Le Père, cadet.
De Mirablon.
D'Aoust, l'aîné.
De Buona Parte.
De Poirson.
Royer.
Demay.

Sur l'arithmétique et la géométrie :

De Grésigny.　　　　　　De Chevillon.
De Laure.　　　　　　　De Longeaux.
De Ravault.　　　　　　De Vrégille, l'ainé.
De Chermont.　　　　　De Porte.

Sur la géométrie et la trigonométrie :

De la Boulaye.　　　　　De Villemont de Fauve-
De Montval.　　　　　　　let.
De Bonnay.　　　　　　Du Val d'Oligny.

Sur la trigonométrie et l'algèbre :

Le Père, l'ainé.
Du Chenu.

Sur l'arithmétique, la géométrie, la trigonométrie et l'algèbre :

Camusat.

Sur la trigonométrie, l'algèbre et les sections coniques :

Becquerel de Bourdoisière.

Trop jeune, *de Buona Parte* n'est plus interrogé que sur la Mappemonde et les quatre parties du monde avec leurs divisions :

De la Roche-Ponsié.　　　De Villemont de Bou-
De Nansouty.　　　　　　　rienne.
De Buono Parte.　　　　Demay.
Picot de Moras.

Parmi les élèves qui concourent pour le prix d'écriture, nous citerons :

Picot de Moras, de Monmirez, près Dôle.

Samson.

De Bourdenay, près Nogent-sur-Seine.

Demay.

Laval, chevalier.

Le Père, troisième, de Paris.

Le Père, quatrième.

De Rose, l'ainé, de Château-Porcien.

De Rose, cadet.

De Castre, de Vaux-les-Rubigny, près Rozoi.

De Marescot, de Thiscourt près Pont-à-Mousson.

De Signierre, de Rogny.

De Ségur de Leschères, près Joinville.

De Frasans, chevalier, de Lyon.

De Montarby, de Dampierre, près Bar-sur-Aube.

De la Forest, de Paris.

Parmi les élèves de l'école nous citerons encore :

Truelle de Chambouzon, de Troyes,	Du Val, d'Essertennes, près Gray.
De Jessain, du diocèse de Troyes.	Andrieux.
	De Maugé.
De Châtillon, de Clamecy.	De Nancré.
Giblain, de l'Isle-de-Ré.	De Brezé.

Les exercices se terminaient par l'escrime, la musique et la danse. Quatorze élèves exécutaient une entrée à grand orchestre, quatre exécutaient un quatuor de Haydn, trois chantaient plusieurs pièces et enfin onze dansaient un menuet et une contre danse.

Les professeurs des arts d'agrément étaient à cette époque M. Courtalon, pour le dessin, M. Daboval pour

les armes, MM. Frédéric et Morizot pour la musique
et M. Javilliers pour la danse (1).

V.

Etat nominatif de Messieurs les Cadets Gentils hommes et de Messieurs les élèves du Roy existants à l'Ecole Royale Militaire de Brienne.

CADETS GENTILSHOMMES.

MM. de Veillian, Laurent-Magdeleine.
De Castres, Henry-Alexandre-Léopold.
De Puniet de Montfort, Joseph.
De Redon de la Pujade, Pierre-Jean-Marguerite.
D'Hautpoul, Charles-Marie-Benjamin.

ÉLÈVES DU ROY.

MM. de Montfort, Joseph-Alexandre.
De Gourmond, Louis-Auguste.
De Stud de Blaunay, Adrien-Louis-Gabriel.
Le Picard de Flavigny, Jacques-Jérôme-François.
Des Barres, Pierre-Antoine-Alexandre-Auguste.
Delas de Brimont, Joseph-Charles.
De Pinguern, Pierre-Marie-Gabriel.
Berthelot, Aimé-François.

(1) En 1792, l'école de Brienne comptait encore pour professeurs :

Berton, Genin, Bouquet, Caillet, Fournier } ci-devant minimes.

Marteau, Delaistre, Léon, Daboval, Liesse, Leclerc, Kukemberg } laïques.

Sommier, Burton } préfets d'études.
Hautel, tambour.
Belin, chef-d'office.

MM. D'Argy de Maressal, Jean-Baptiste-Adrien.

De la Vergue de Cerval, François.

Du Beaudiez du Rest, Gui Valery.

De Bauvière, Louis-Charles.

De L'aigle du Champgerbault Charles François.

De Bigault de Partourut, Jean-Charles.

De Musnier de la Converserie, Louis-Marie-Florent.

Aubé de Bracquemont, Alexandre-Marie.

Du Perron, Gabriel-Antoine.

De Cuning de Craiguillen, Thomas.

De Crandalle de Chambreuil, Henri-Joseph.

De Saint-Privé, Joseph-Léopold.

D'Errard, François.

Le Fevre de la Domchamps, Charles-Henry-Agathe.

De Mitry, François.

De Curel, Charles-Emile.

De Klopstein de Marcheville, Alexandre-Hyacinthe-François.

De Marcenay, Jules-David-Louis.

Moreal, Juste-Marie.

Senault, Théophile-Hyacinthe.

De Failly, Charles-Armand.

Du Houx, Charles.

De Condé, Pierre-Anne-Michel.

De Finance, Etienne-Jacques-Gabriel.

De Glanne, Jean-Marie-Joseph-Alexandre.

Angenoust, Jean-Baptiste.

De Narange, Louis-Henry.

MM. De Noyon de Soicy, Joseph-Pierre.
Picot de Moras, Pierre-François-Joseph.
De Vaveray de Menonville, Louis-Martial.
De Thomassin, Pierre-Paul-Marie-Joseph.
De Thomassin de Montbel, Pierre.
De Vaveray, de Menonville, Jean-Claude-Pierre.

PENSIONNAIRES.

MM. les deux frères Patricot.
Les deux frères La Bloissière.
Vocé.
Les trois frères Dampierre.
Picot.
Valé.
Ferrières.
Breton.
Beauport.
Lopinot.
De Presle (1).

(1) Ce présent état est certifié véritable par Berton, procureur de l'école de Brienne, 1791, 18 septembre. *Archives de l'Aube.*

TABLE DES MATIÈRES.

—